Matthew Johnstone

Den Geist beruhigen

Eine illustrierte Einführung in die Meditation

Aus dem Englischen von Ulrike Becker

Verlag Antje Kunstmann

Für meine wunderschönen Mädchen

Den Geist beruhigen

Vorwort

Man sollte annehmen, dass es nicht so schwierig ist, 10 bis 20 Minuten am Tag stillzusitzen, aber für manche ist das eine Herausforderung, die ans Unmögliche grenzt. Immer hat man etwas zu erledigen oder muss irgendwohin. Wir sind ständig auf Achse. Doch man kann nicht pausenlos in Bewegung bleiben, ohne pausenlos zu denken, und pausenlos zu denken kann ganz schön ermüdend sein. Wenn man nicht aufpasst, führt das zu Stress, Schlaflosigkeit, Ängsten und Depressionen.

Die heutige Gesellschaft erschwert uns das Stillsitzen durch ihr verlockendes Mantra der ständigen „Erreichbarkeit" noch mehr. Kabelfernsehen, Internet, Smartphones, soziale Netzwerke, Twittern, Bloggen, Mailen, Simsen – alles tiefgreifende und nützliche technische Errungenschaften, aber sie zwingen uns, in jedem wachen Augenblick irgendetwas zu sagen oder zu tun. Und dann ist da auch noch der normale Alltag zu bewältigen.

Ohne Pausen und Auszeiten verlieren wir allmählich die kostbare Fähigkeit, Fantasie zu entwickeln und schöpferisch zu sein. Es stimmt zwar, dass unser Gehirn aktiv sein muss, um gesund zu bleiben, aber es ist genauso wichtig, dass es regelmäßig Verschnaufpausen bekommt. Die Meditation ist nichts anderes als ein Mittel, um unserem Bewusstsein eine wohlverdiente Auszeit zu gönnen. Wenn Sie meditieren lernen, dann wird sich das auf Ihr gesamtes Dasein positiv auswirken. Sie werden sich lebendiger und jünger fühlen, mehr Energie haben, sich besser konzentrieren können, besserer Laune sein und besser schlafen. Insgesamt gesehen werden Sie belastbarer und den Anforderungen unseres modernen Alltags besser gewachsen sein. Viele halten die Meditation für unnötigen Luxus oder für Zeitverschwendung. Sie befürchten, dass sie die Antriebskraft schwächt, aber tatsächlich ist das Gegenteil der Fall. Das Meditieren schafft ein Zeitfenster, um das Chaos zu klären und wieder Raum für Kreativität und Produktivität zu schaffen.

Manche Leute denken bei Meditation an Esoterik, Hippies und Alternativkultur. Ich bin weit davon entfernt, ein Meditations-Guru oder geistiger Lehrer zu sein. Ich war noch nie in einem Ashram, könnte Ihnen nicht sagen, wo welches Chakra liegt, spreche kein Wort Sanskrit und schaffe es nicht, stundenlang im Lotussitz auf einem harten Fußboden auszuharren. Was der Sinn des Lebens ist, weiß ich auch nicht, aber eins weiß ich mit Sicherheit: Mein Leben ist wesentlich besser, wenn ich meditiere. Nun gibt es viele Arten der Meditation, alle mit unterschiedlichen Vorzügen, Eigenarten und Techniken. In den Texten und Bildern dieses Buches geht es einfach nur darum, bewusst stillzusitzen und seine Aufmerksamkeit und Konzentration auf den Atem zu lenken.

Ich schlage vor, Sie lesen sich das Buch ein paar Mal durch, ehe Sie mit dem Meditieren beginnen, damit die visuellen Konzepte in Ruhe einsickern können. Wichtig ist, dass Sie Ihre Aufmerksamkeit schon beim Lesen auf Ihren Atem richten. Jedes Mal, wenn Sie die Worte *„ein und aus"* lesen, sollten Sie Ihrem Atem nachspüren, sich ganz bewusst entspannen und zur Ruhe kommen.

Matthew Johnstone

Inspirierende Kunstgalerien, die Ihnen jederzeit offen stehen.

	170-864
AUTOR	Ihr Gut-Ich
TITEL	Ein Moment der Klarheit
RÜCKGABE	AUSLEIHER

I G

Bibliotheken voller
Erinnerungen und
Zukunftspläne.

Riesige Fabriken, die Träume und Einfälle produzieren.

Es ist ein Ort, an dem Liebe,
Wärme und Freude im Überfluss
vorhanden sind.

Das ist unser
natürlicher Zustand.

Leider bleibt unsere innere Landschaft nicht immer so unberührt – es kann passieren, dass sie durch unseren Lebensstil angegriffen wird.

Auf den nächsten Seiten können Sie sehen, wo etwas schieflaufen kann und warum es so wichtig ist zu lernen, wie man *seinen Geist beruhigt*.

24/7

Innerhalb von 24 Stunden können wir bis zu 70.000 Gedanken verarbeiten, und das geht auch dann weiter, wenn wir schlafen. Jeder Tag hat 86.400 Sekunden, das heißt, alle 1,2 Sekunden denken wir einen neuen Gedanken, also zwei Gedanken pro Herzschlag.

Das Gehirn hält einfach nie die Klappe!

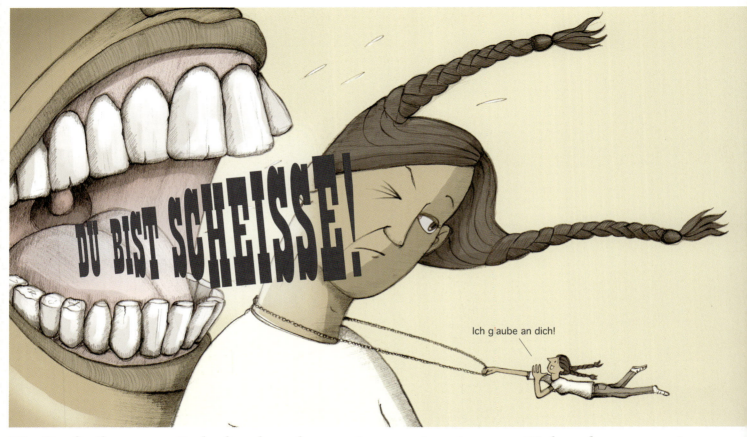

Ein Großteil unserer Gedanken besteht aus einem ewigen inneren Dialog, der, wenn wir nicht aufpassen, auf die dunkle Seite abrutschen kann. Die negativen Gedanken können überzeugender und dominanter werden als die positiven, aufbauenden.

Gedanken können zwanghaft und aufdringlich werden. Sie können auch stecken bleiben oder sich endlos im Kreis drehen.

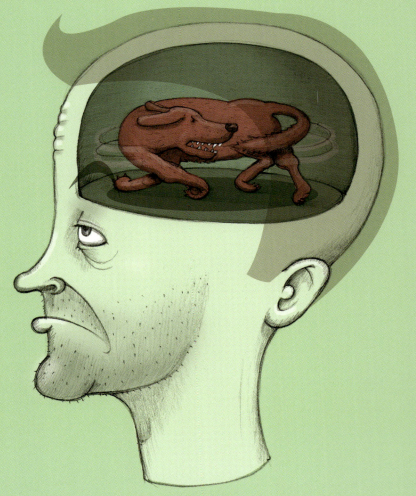

Das liegt daran, dass es in unserer geistigen Bibliothek eine riesige Abteilung gibt, die nichts als Leiden, Kummer, Ängste, Gewissensbisse und Kränkungen enthält.

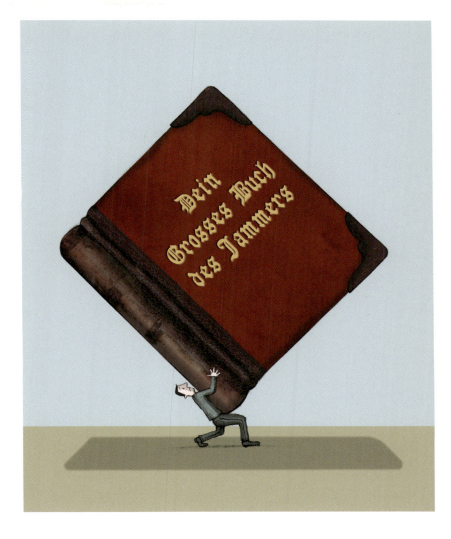

Wie ein Computer kann auch Ihr Gehirn jede Menge Spam anhäufen, und aus irgendeinem Grund nimmt dieser unerwünschte Müll mehr Speicherplatz ein als die wichtigen Dinge.

Ist der Speicher zugemüllt, fällt es einem schwer, sich zu konzentrieren.

Sich bestimmte Dinge ins Gedächtnis zu rufen kann so schwierig sein, wie Murmeln an Deck eines schlingernden Schiffes aufzusammeln.

Diese ständige Überforderung kann zu Stress, Ängsten, Depressionen und Erschöpfungszuständen führen.

Es gibt eine einfache Methode, wie Sie ruhiger, konzentrierter, lebendiger und glücklicher werden können.

Erwiesenermaßen reduziert sie Stress, gleicht den Stoffwechsel aus, lindert Schmerzen, senkt den Blutdruck, vertieft die Atmung und stimuliert das Gehirn.

Sie kostet nichts, und alles, was Sie tun müssen, ist

NICHTS.

Und so geht's.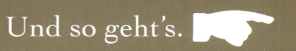

WANN

Meditation kann, wenn sie richtig ausgeführt wird, erholsamer sein als Schlaf. Zum Meditieren eignet sich jede Tageszeit, aber eine der besten Zeiten ist eine halbe Stunde bevor Sie üblicherweise aufstehen, denn das ist die ruhigste Zeit des Tages. Versuchen Sie nicht, im Bett zu meditieren; das ist nicht halb so wirkungsvoll.

Der späte Nachmittag oder der frühe Abend sind ebenfalls gute Zeiten. Manche finden es hilfreich, vor dem Zubettgehen zu meditieren, weil sie dann besser schlafen.

Wenn Sie nachts aufwachen und nicht wieder einschlafen können, dann ist es manchmal besser, aufzustehen und zu meditieren, als wertvolle Energie damit zu vergeuden, sich im Bett herumzuwälzen. Haben sich Ihre Gedanken erst einmal beruhigt, fällt es oft wesentlich leichter, wieder einzuschlafen.

WARUM

VORHER

VORHER

VORHER

NACHHER

NACHHER

NACHHER

VORBEREITUNG

Sorgen Sie dafür, dass in Ihrer Umgebung Ruhe herrscht.

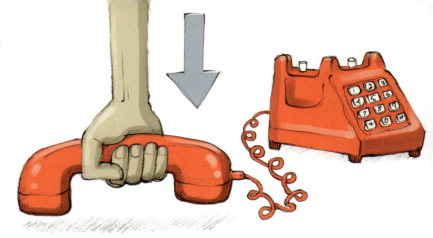

Telefone abschalten.

„Pssst – bitte nicht stören!"

SIE BRAUCHEN

Einen nicht zu weichen, aber bequemen Stuhl mit gerader Rückenlehne.

Kein Muss für jeden, aber: Ein Paar Ohrstöpsel oder Lärmschutzkopfhörer dämpfen Geräusche und erleichtern das Beobachten des Atems.

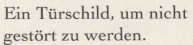

Ein Türschild, um nicht gestört zu werden.

Eine Uhr.

Falls nötig, eine warme Decke.

Ein Kissen im Rücken. Das hilft Ihnen, aufrecht zu sitzen.

Gehen Sie zum Meditieren in das ruhigste Zimmer im Haus. Gestalten Sie den Raum so behaglich, harmonisch und bequem wie möglich.

Wenn Sie im Dunkeln meditieren, könnten Sie einnicken; benutzen Sie lieber ein weiches, stimmungsvolles Licht.

DIE HALTUNG

Ihre Körperhaltung sollte so aufrecht und gerade wie möglich sein.

Stellen Sie sich vor, Sie wären ein Wachtposten vor dem Buckingham-Palast, nur sitzend.

In dieser Haltung sind Sie wachsam, aber entspannt.

Wenn Sie gelenkig sind und lieber eine traditionelle Meditationshaltung einnehmen möchten, können Sie sich auch mit gekreuzten Beinen auf den Fußboden setzen. Mit einem Kissen unter dem Po wird es bequemer.

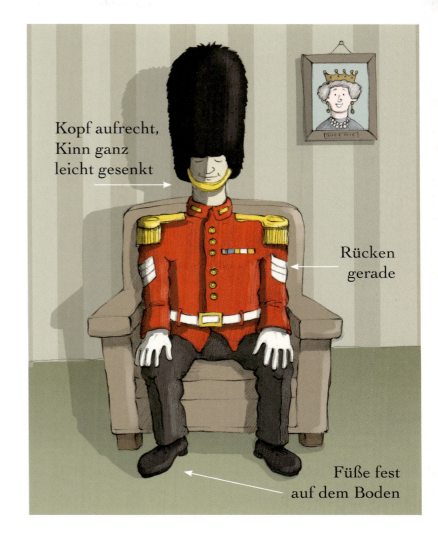

ANSPANNEN UND ENTSPANNEN

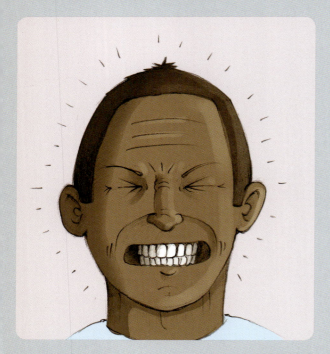 

Bevor Sie beginnen, können Sie Ihrem Körper mit folgender Übung helfen, sich zu entspannen. Angefangen bei den Zehenspitzen spannen Sie alle Muskeln bis hinauf zum Scheitel zuerst an und lassen sie dann wieder los. Spüren Sie bewusst den Kontrast zwischen Anspannung und Entspannung. Diese Übung macht den Körper wach und aufmerksam.

WOHIN MIT DEN HÄNDEN?

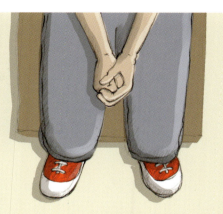

Handflächen nach oben.

Oder Handflächen nach unten, je nachdem, was Sie bequemer finden.

Oder legen Sie die Hände locker ineinander.

Stellen Sie sich eine Katze vor, die sich im Korb zusammenrollt.

DAS ZIEL: DIE WEISSE WAND

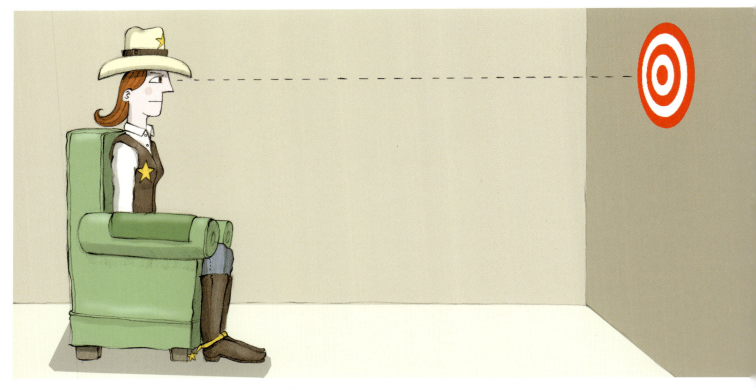

Als Nächstes suchen Sie sich eine Stelle an der Wand vor Ihnen aus und fixieren sie. Beginnen Sie damit, den inneren Dialog allmählich abzustellen. Machen Sie drei bis sechs lange, tiefe Atemzüge. Lassen Sie Ihren Blick verschwimmen und schließen Sie langsam die Augen.

NACH INNEN WENDEN

Richten Sie Ihre Aufmerksamkeit mit geschlossenen Augen auf die Geräusche außerhalb des Zimmers. Vielleicht hören Sie Autos, einen bellenden Hund, den Wind. Nehmen Sie diese Geräusche einfach zur Kenntnis.

Als Nächstes richten Sie Ihre Aufmerksamkeit auf die Geräusche im Zimmer. Vielleicht hören Sie eine Uhr, das Summen eines elektronischen Geräts, knarrende Balken. Nehmen Sie auch diese Geräusche einfach zur Kenntnis.

Achten Sie nun auf die Geräusche in Ihrem Körper, Ihren Atem, Ihren Herzschlag. Hierhin wollen Sie Ihre Aufmerksamkeit lenken – nach innen, nicht nach außen.

DIE NASE: DA PASSIERT'S!

Das Wichtigste beim Meditieren sind Ihre Nase und der Atem,
der in sie hinein und aus ihr herausströmt.

Stellen Sie sich Ihre Nase als einen Leuchtturm vor,
der Ihnen beim Meditieren die nötige Orientierung verschafft.

Wenn Sie sich in einem Meer von Gedanken verlieren,
denken Sie an Ihren Leuchtturm. Kehren Sie zu Ihrem Atem zurück.

Wenn Sie einen Hund bellen hören, kehren Sie zu Ihrem Atem zurück.

Wenn es Ihnen unbequem wird, bewegen Sie sich ein bisschen und kehren
Sie dann zu Ihrem Atem zurück.

Atmen Sie ein und aus, schön langsam und gleichmäßig.

... ein und aus ... ein und aus ... ein und aus ...

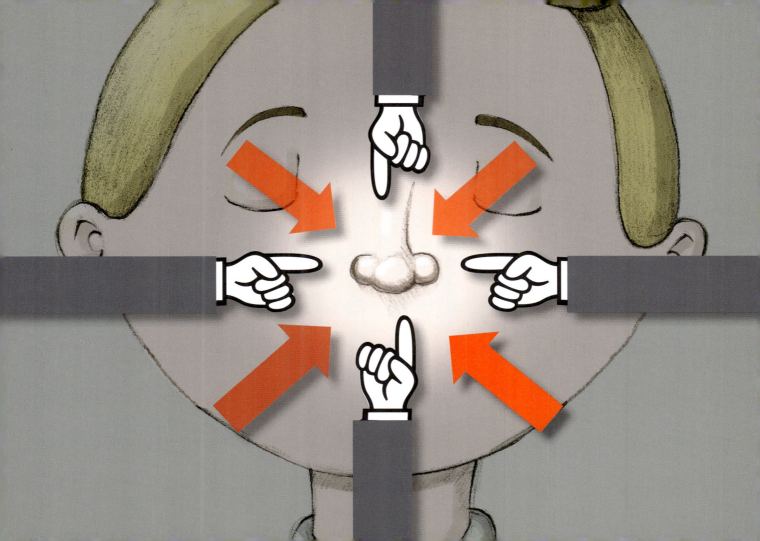

DER MANTRA-SCHNURRBART

Obwohl es nicht zwingend ist, kann ein Wort oder ein Mantra bei der Konzentration auf den Atem helfen. Es hindert zudem den Geist daran, in eine wuchernde Wildnis abzudriften. Wählen Sie dafür sanfte, weiche, wohlklingende Wörter, neutrale Wörter oder Wörter, die keine unguten Assoziationen oder Gefühle hervorrufen. Mantras brauchen keine Bedeutung zu haben; Sie können sich selbst etwas ausdenken.

Schaaar – nommm   *Baaaar – rommm*   *Gaaar – rommm*

Ein Mantra kann aus zwei Wörtern oder aus einem Wort mit zwei Silben bestehen (eine für jedes Ein- und Ausatmen).

ganz – ruhig   *bei – mir*   *ich – bin*

Wenn Sie beim Atmen ein Mantra benutzen, dann achten Sie auf den Raum zwischen jedem Wort, jeder Silbe und jedem Atemzug – genau dort sind Ruhe und Stille.

… ein und aus … ein und aus … ein und aus …

RUHIGE GEDANKEN FÜR EINEN RUHIGEN GEIST

Drücken Sie die Zungenspitze leicht gegen den Gaumen. Das hilft, den Kopf aufrecht zu halten. Zugleich ist es eine Vorsichtsmaßnahme gegen das Einnicken.

Lächeln setzt Endorphine frei (das natürliche Entspannungsmittel des Gehirns). Stellen Sie sich also Ihr Gesicht mit einem leisen Lächeln vor, dann werden Sie vermutlich beim Meditieren unwillkürlich eins auf den Lippen haben.

... ein und aus ... ein und aus ... ein und aus ...

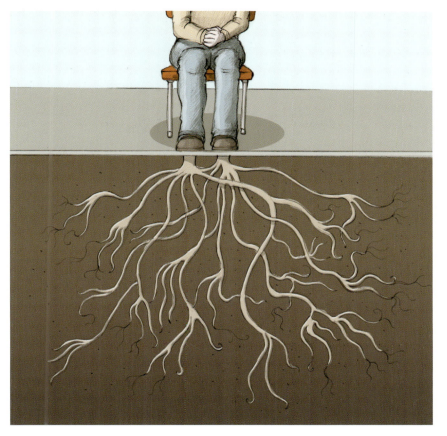

Stellen Sie sich bei jedem Ein- und Ausatmen vor, wie von Ihren Füßen Wurzeln in den Boden wachsen. Je tiefer die Wurzeln sind, desto tiefer wird die Meditation. Dieser Gedanke verankert Sie in der Gegenwart und Sie bleiben ganz bei sich.

Während Sie ruhig atmen, stellen Sie sich einen kleinen Mann vor, der an einem unsichtbaren Faden zieht, der durch Ihre Wirbelsäule, Ihren Hals und Ihren Scheitel führt.

Sie sitzen hier, ganz bewusst.

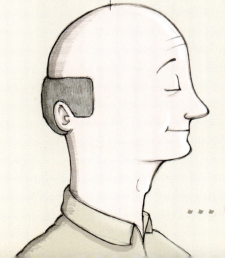

... ein und aus ... ein und aus ...

Möglicherweise fühlen Sie sich manchmal steif oder körperlich unwohl. Ändern Sie dann einfach in aller Ruhe Ihre Haltung und kehren Sie anschließend zu Ihrem Atem zurück.

Wenn Sie regelmäßig meditieren, werden Sie bald mühelos gerade und aufrecht sitzen können. Sie werden spüren, wie Ihre Wirbelsäule und Ihr Nacken länger werden.

GEDANKEN KOMMEN – UND GEHEN

Beim Meditieren ist es vor allem am Anfang ganz normal, dass eine ganze Menge Gedanken hochkommen. Ihnen werden Dinge einfallen, die Sie erledigen müssen, Sie werden im Geiste Gespräche weiterführen, sich an Enttäuschungen erinnern, Selbstkritik üben, Zukunftspläne schmieden oder Vergangenes noch einmal durchleben. Alles Mögliche wird sich aufdrängen und versuchen, Ihren Seelenfrieden zu stören.

Das Wichtigste dabei ist, NICHT auf sich selbst wütend zu werden. Nehmen Sie diese Gedanken einfach wahr und lassen Sie sie vorüberziehen. Sie sollten sie weder verfolgen noch bewerten, noch abwehren. Gedanken können dem Geist helfen, beim Meditieren Stress und Anspannung freizusetzen. Stellen Sie sich vor, Ihre Gedanken sind aufsteigende Perlen in einem Glas Champagner. Selbst wenn eine Meditationssitzung geistig turbulent verläuft, wirkt sich das Stillsitzen äußerst positiv aus.

Beim Meditieren sollten Sie freundlich mit sich umgehen. Werden Sie nicht wütend, wenn Gedanken kommen, wenn Sie einnicken oder sich kratzen müssen.

Das „Gedankenventil" zuzudrehen ist nicht so einfach, aber mit Geduld und einem bestimmten Grad an Disziplin werden Sie es schaffen.

Deshalb spricht man von der Meditation als einer Übung.

… ein und aus … ein und aus …

Stellen Sie sich Ihre Gedanken als dösende Schafherde vor. Wenn ein Tier ausbrechen will, schicken Sie den Schäferhund los, der es freundlich, aber bestimmt zurückholt.

... ein und aus ... ein und aus ... ein und aus ...

Oder denken Sie ans Angeln: Die umherstreunenden Gedanken sind die Fische. Wenn Sie einen Gedanken einfangen, betrachten Sie ihn und lassen ihn dann wieder frei.

Alles ist in Ordnung.

Zurück zum Atem.

... ein und aus ... ein und aus ... ein und aus ...

Lassen Sie sich nicht entmutigen, auch wenn die Gedanken immer wieder kommen. Es ist ganz normal, dass unser Geist abschweift. Versuchen Sie, eher die Position des Beobachters einzunehmen, statt direkt beteiligt zu sein.

Beobachten und loslassen.

Beobachten und loslassen.

Zurück zum Atem.

... ein und aus ... ein und aus ...

... ein und aus ... ein und aus ... ein und aus ...

Während Sie atmen, werden Sie sich Ihres Geistes und Körpers bewusst. Sie werden langsamer, wie ein Schiff, das vorher mit „voller Kraft voraus" durch raue See gefahren ist. Sobald es in die Ruhe eines Hafens eintritt, verringert es seine Geschwindigkeit.

STELLEN SIE SICH VOR ...

Ehe Sie mit dem Meditieren beginnen, kann es hilfreich sein, sich mit ein paar inneren Bildern einzustimmen. Auf den folgenden Seiten finden Sie ein paar Vorschläge dafür. Natürlich können Sie sich auch selbst etwas ausdenken, nur allzu lange darüber nachgrübeln sollten Sie nicht.

Stellen Sie sich vor, Sie wären ein Tiefseetaucher, der auf einem Stein sitzt.

Das Wasser ist warm und klar; alles ist ganz still.

Die Meeresoberfläche ist Ihr Bewusstsein – sie ist da, vielleicht sogar ein bisschen aufgewühlt, aber das betrifft Sie nicht.

Jedes Mal, wenn Sie ausatmen, steigen Sauerstoffblasen zur Wasseroberfläche auf.

Ebenso wie der Ozean um Sie herum werden Sie immer ruhiger.

… ein und aus … ein und aus … ein und aus …

Stellen Sie sich vor, Sie wären ein großer Stein, der immer schon friedlich daliegt. Die Sonne wärmt Sie.

Sie sind sich Ihrer Umgebung bewusst, aber nichts kann Sie erschüttern.

Sie sind ein warmer Stein, der seit Tausenden von Jahren an dieser Stelle liegt.

Aufmerksam, aber unbeteiligt.

… ein und aus … ein und aus … ein und aus …

Stellen Sie sich vor, Sie fliegen durch das Weltall.
Ihr sicheres Raumschiff steht auf Autopilot – die kleinen Lämpchen blinken ruhig. Sie brauchen sich um nichts zu kümmern.

Jedes Mal, wenn Sie ein- und ausatmen, leuchten die Sterne ein bisschen heller, und Sie fühlen sich so weit wie das Universum selber.

… ein und aus … ein und aus … ein und aus …

Es gibt keinen
ruhigeren Ort
als den Raum,
der zwischen
den einzelnen
Atemzügen liegt.

Mit der Zeit entdecken Sie, wie Sie an einen Ort von unglaublicher Stille gelangen können. Das fühlt sich an, als seien Sie in einem Raum, in dem nichts ist, nicht einmal Sie selbst.

Nirgendwo hingehen müssen. Niemanden sehen. Nichts tun. Nur atmen.

... ein und aus ... ein und aus ... ein und aus ...

Beim Meditieren begegnen Ihnen vielleicht ungewohnte Empfindungen. Die meisten sind sehr angenehm. Versuchen Sie nicht, Ihre Aufmerksamkeit auf sie zu richten. Nehmen Sie sie einfach hin.

Heiterkeit

Energieschübe

Einsichten

Kribbeln

Verlangsamter Puls und Atem

Gefühl der Schwerelosigkeit

... ein und aus ... ein und aus ...

Nach etwa 20 Minuten (wenn Sie möchten, meditieren Sie länger) lenken Sie Ihre Aufmerksamkeit langsam wieder in das Zimmer und Ihren Körper zurück. Wenn Sie sich gut und bereit dazu fühlen, atmen Sie ein paar Mal tief ein und aus, füllen Ihre Lungen und öffnen sachte die Augen.

Ehe Sie aufstehen und sich bewegen, bleiben Sie noch einen Augenblick still sitzen und achten dabei weiter auf Ihren Atem.

Nehmen Sie wahr, wie ruhig alles ist.

Denken Sie an den Tag, der vor oder hinter Ihnen liegt.

Denken Sie daran, wie sehr Sie die Gesellschaft anderer genießen.

Denken Sie an all das, wofür Sie wirklich dankbar sein können.

Denken Sie daran, wie friedvoll Sie sich in diesem Moment fühlen – und nehmen Sie diesen Frieden mit.

Stehen Sie auf und räkeln Sie sich.

MEDITIEREN IST **DIE BESTE MEDIZIN**

MEDITATION

Zweimal täglich vor oder nach dem Essen.

EIN PAAR ERHELLENDE GEDANKEN ZUM SCHLUSS

Dieses Buch enthält etliche visuelle und metaphorische Ideen, wie Sie in die Meditation hineinkommen können. Keine davon ist ein „Muss". Sie sind nur als Anregung oder als Werkzeugset gedacht.

Das Wichtigste ist, dass Sie nicht zu viel übers Meditieren nachdenken. Es ist wie mit dem Fahrradfahren: Haben Sie es erst einmal gelernt, denken Sie nicht mehr viel darüber nach, obwohl es nach wie vor Aufmerksamkeit, Koordination und ein gutes Urteilsvermögen erfordert. Sie denken auf dem Rad nicht ständig: „Ich muss treten! Ich muss das Gleichgewicht halten! Ich muss die Hände am Lenker lassen!" Sie nehmen nur noch kontinuierlich leichte Anpassungen vor, um gleichmäßig zu fahren. Genauso funktioniert es auch mit dem Meditieren.

Tun Sie also Ihrem Geist, Ihrem Körper und Ihrer Seele einen großen Gefallen, indem Sie sich vornehmen, vier oder sechs Wochen lang ein bis zwei Mal am Tag zu meditieren. Führen Sie in dieser Zeit ein Meditationstagebuch, in dem Sie festhalten, wie die Sitzungen verlaufen sind, was Ihnen aufgefallen ist und wie Sie sich vorher und hinterher gefühlt haben. Dabei werden Sie hoffentlich die Vorteile am eigenen Leib erfahren und das Meditieren zum festen Bestandteil Ihres täglichen Lebens machen.

WORAN SIE DENKEN SOLLTEN:
- **Der Atem ist das Entscheidende.**
- **Man kann weder gut oder schlecht noch richtig oder falsch meditieren.**
- **Seien Sie freundlich zu sich selbst.**
- **Beobachten Sie Ihre Gedanken und lassen Sie sie dann los.**
- **Ein Mantra hilft beim Atmen.**
- **Machen Sie es so, wie es sich für Sie am besten anfühlt.**
- **Seien Sie stolz auf sich, weil Sie es versuchen.**
- **Und meditieren Sie nicht beim Radfahren …**

„DU KANNST DIE WELLEN NICHT STOPPEN,
ABER DU KANNST LERNEN, SIE ZU REITEN!"

Jon Kabat-Zinn

Es gibt viele Bücher zum Thema Meditation. Dieses ist wirklich für Anfänger gedacht; es wendet sich an alle, die neugierig sind, aber nicht wissen, wie sie damit beginnen sollen. Die Meditation hat sich über Jahrtausende entwickelt; es gibt unzählige verschiedene Arten und das Meditieren ist Teil vieler religiöser und spiritueller Heilswege.

Neuerdings spielen Meditation und Achtsamkeit im Gesundheitsbereich eine wichtige Rolle, sie werden zur Bekämpfung psychischer Erkrankungen wie Depressionen, Angstzuständen, posttraumatischen Belastungsstörungen usw. eingesetzt.

Falls Sie also Ihre Meditationspraxis vertiefen oder mehr über Achtsamkeit erfahren möchten, dann könnten Sie sich als Einstieg die folgenden Bücher vornehmen:

Jon Kabat-Zinn: *Im Alltag Ruhe finden. Meditationen für ein gelassenes Leben.* Knaur TB, 2010.

Eckhart Tolle: *Jetzt! Die Kraft der Gegenwart.* Kamphausen, 2010.

Thich Nhat Hanh: *Das Wunder der Achtsamkeit. Einführung in die Meditation.* Theseus, 2006.

Mein herzlicher Dank gilt
meiner Familie für die Liebe und Unterstützung,
Alex Craig und allen bei Pan Macmillan,
Antje Kunstmann und Heike Bräutigam vom Kunstmann Verlag,
Pippa Masson von Curtis Brown,
allen, die mir mit Ratschlägen und wertvollem Feedback geholfen haben,
sowie dem Blog „Lost & Taken" für die schönen Hintergrundmuster.

© der deutschen Ausgabe: Verlag Antje Kunstmann GmbH, München 2012
© der Originalausgabe: Matthew Johnstone, 2011
Die Originalausgabe erschien unter dem Titel „Quiet the Mind" bei Pan, einem Imprint von Pan Macmillan Australia, Sydney 2011
Druck & Bindung: L.E.G.O., Vicenza
ISBN 978-3-88897-791-6